AF554706

ARCHIVES HOSPITALIÈRES.

CHARTES
EN LANGUE VULGAIRE
DE 1219 A 1250

(AVEC PLANCHES ET FAC-SIMILÉ)

PAR

L. DE RICHEMOND.

A PARIS
CHEZ J.-B. DUMOULIN,
Libraire de la Société de l'École impériale des Chartes et de celle des Antiquaires de France.
13, Quai des Augustins, 13

1869

L.S de Richemond

CHARTES
EN LANGUE VULGAIRE
DE 1219 A 1250.

Les chartes rédigées en Français pendant la première moitié du XIIIe siècle, sont rares; plus rares encore, quand il s'agit de contrats passés entre des bourgeois.

Ces considérations, qui ont porté M. P. Marchegay à publier dans la Bibliothèque de l'école des Chartes, onze pièces rochelaises extraites du Chartrier de Fontevraud (archives de Maine-et-Loire) et antérieures à l'année 1251, nous ont décidé à nous mettre à sa suite, en publiant sept pièces inédites de la même époque, que nous avons trouvées à la Bibliothèque de La Rochelle.

Ces pièces font partie de la collection des titres qui avaient été réunis à la nouvelle aumônerie de Saint-Berthomé (Saint-Barthelémy), plus connue sous le nom de son fondateur Alexandre Aufredi. Cette aumônerie, établie en 1202, est désignée dans les chartes sous le nom de « maison aumosnere que fahu Alixan- » dres Aufrei funda en la Rochele davant l'iglize » St-Berthome. » On trouve aussi la forme « Aufroi » au lieu « d'Aufrei », et dans toutes les chartes latines le génitif « Aufredi » (fils d'Aufrei). Cette collection ne comprend pas moins de *onze cent soixante-treize* pièces antérieures au XVIe siècle, sur lesquelles on en compte *quarante-trois* avant 1300, dont *trente-et-une* en langue vulgaire. Les deux plus anciennes chartes françaises (1219-1220) concernent la Maladerie de Saint-Ladre (Saint-Lazare) de La Rochelle.

Toutes les formes orthographiques de l'original ont été scrupuleusement reproduites dans notre transcription. Les mots abrégés ou qui manquaient, par suite de déchirures du parchemin, ont été rétablis, aussi souvent que possible, suivant les indications que fournissent les mêmes mots entiers, ou, à leur défaut, l'orthographe du temps. On a indiqué par des crochets les membres de phrase suppléés.

L'écriture des originaux est d'un beau caractère gothique, dont la planche ci-jointe peut donner une idée exacte. Des points et quelquefois des barres inclinées de droite à gauche séparent les différentes parties de la phrase. Les i sont généralement accentués; les minuscules c et t, l et e, s et r, n et u se confondent souvent; les r initiales se prolongent au-dessous de la ligne; les v remplacent quelquefois les u au commencement des mots, ou plutôt l'u a deux formes distinctes suivant sa place dans le mot; on remarque quelques conjonctions de lettres et un petit nombre de sigles. Les abréviations sont plus multipliées dans les pièces latines que dans les pièces françaises, et deviennent plus fréquentes en approchant de la fin du XIIIe siècle. Les lettres majuscules semblent réservées aux noms de baptême et ne se trouvent devant les surnoms que lorsqu'ils indiquent le nom du pays qui, à défaut de nom de famille, distinguait les individus qui avaient reçu au baptême le même saint pour patron.

Les chartes des années 1232 et 1248 sont dentelées à la partie supérieure, et ont été détachées d'une souche qui portait les premières lettres de l'alphabet.

Toutes les chartes étaient revêtues de sceaux destinés à en attester l'authenticité. Les sceaux tenaient lieu de signatures et ils étaient toujours mentionnés dans les actes. Malheureusement ceux de nos chartes sont brisés et il ne reste que quelques fragments de cire adhérents aux lacs.

La charte no 1 (1219) porte seulement le sceau du donateur; le no 2 (1220) ceux des parties contractantes; le no 3 (1229) celui de la commune de La Rochelle, ce qui rentre dans la première catégorie, puisque le Maire était le donateur; le no 4 (1232) le sceau du Prieur de la nouvelle aumônerie. Les chartes nos 5 et 6 (1248) constatent le privilège du Maire de La Rochelle de valider les actes par l'apposition du sceau de la commune « en maire garentie de verite » et à la requête des parties. Ce privilège fut partagé avec l'archidiacre d'Aunis, comme nous le voyons par la pièce n° 7 (1250) et, après 1250, avec le garde du scel de la sénéchaussée de Saintonge, établi à La Rochelle par le Roi de France.

Il ne reste attaché aux titres d'Aufredi du XIIIe siècle que des fragments du sceau de la commune de La Rochelle, qui est en cire verte et paraît identique à celui des chartes de Fontevraud. On distingue d'un côté un navire sur une mer agitée, et sur l'autre face le Maire à cheval. Le dessin en paraît très-soigné, comme nos lecteurs en jugeront par la gravure que l'obligeance de M. Marchegay nous a permis de reproduire.

Il existe aussi à la Bibliothèque de la Rochelle, des copies de trois chartes françaises (1229, 1232 et 1238), extraites par le père Jaillot, des Archives de la Cathédrale et de la Commanderie du Temple, pour servir à l'histoire du père Arcère. Mais comme l'orthographe de ces transcriptions a paru suspecte aux personnes compétentes, nous n'avons pas cru devoir les comprendre dans ce travail.

La classification des pièces par ordre de dates, nous était imposée par le but principal de cette publication : offrir des documents pour l'histoire de la langue. Les chartes que nous publions constatent que la langue était formée dans l'Aunis, dès le commencement du XIIIe siècle.

La Rochelle. Août 1863.

Louis de RICHEMOND,
ARCHIVISTE.

Voici l'analyse détaillée, puis le texte complet des sept Chartes antérieures à l'année 1251.

I. — *Mars* 1219. — Donation pieuse à l'hospice Saint-Lazare de la Rochelle, par Pierre Ymbert et sa femme Florence, des droits qu'ils avaient sur 14 quartiers de vigne, appartenant auxdits religieux et situés au fief de Rochefort.

II. — *Mai* 1220. — Donation pieuse au même hospice par Hugues et Savary de Rochefort, frères, de tous les droits qu'ils avaient sur 16 quartiers de vigne appartenant auxdits religieux et situés au fief de Rochefort; les frères de Saint-Lazare doivent en reconnaissance de cette aumône, une demi-livre de cire, chaque année, à Noël.

III. — *Avril* 1228? — Donation pieuse ou remise à la Nouvelle-Aumônerie, fondée par Alexandre Aufredi, d'une rente annuelle de dix livres par le maire et les bourgeois de la Rochelle. Cette rente représentait l'*herbergement* des Frères de l'Ordre mineur dans l'aumônerie.

IV. — *Novembre* 1232. — Cession par la Nouvelle-Aumônerie à Sime de Lafaie, d'un *herbergement,* qu'elle possédait à Marsilly, à raison de 25 sols tournois de cens annuel.

V. — *Septembre* 1248. — Cession par Peirenele Blancharde, avec le consentement de son mari, Conain le Peleter de Borc, à Hélye Giraut, bourgeois de la Rochelle, d'une pièce de vigne située au fief Savary, qu'elle tient à 10 sols de cens des frères de la Nouvelle-Aumônerie. Cette vente est faite à raison de 110 sols en monnaie poitevine, payés comptant.

VI. — *Novembre* 1248. — Cession par Arsent, nièce de feu Jean Achart et femme de Denis Joubert de Vovent, à Henri l'Anglais, des droits qu'elle avait sur deux maisons, deux places et un verger situés à la Rochelle, *a Chep de Vile,* à raison de 54 sols, 8 deniers, de cens annuel, dont 40 sols payables en deux termes à Arsent et à ses hoirs ; 13 sols et 4 deniers aux frères de l'hôpital de Saint-Jean du Perrot et 16 deniers aux frères de la Vieille-Aumônerie de la Rochelle.

VII. — *Mai* 1250. — Acensement par Hugues de Mirambeau, à la Nouvelle-Aumônerie, de deux pièces de pré pour vingt années, à raison de 20 livres tournois.

CHARTES.

I

Je Pere Ymbert e je Florence, sa fame, faison asaveir a toz ceaus qui sunt, e qui sunt a estre, qui ceste presente chartre veiront e oiront que nos avon doné a Deu e a la maladerie de saint Ladre de la Rochele, por le salu de noz armes e de nos peres e de noz meres, c'est asaver fau Ymbert marcheant, mon pere, e faue douce ma mere, e fau Johan Ymbert mon frere, e de noz autres ancesors, de ceaus qui passez sunt de cest sicle, et de ceaus qui a passer sunt, en pure aumosne e en pardurable a toz jorz mais, tot ice que nos avion en XIIIj quarters de vigne, que li frere de saint Ladre ont el feu de Rochefort, c'est asaveir la servantie que nos i avion. E d'ices XIIIj quarters furent les ij quarters Helyes Gauter, e ij autres quarters qui furent P. Bretoin qui se tenent a ices meismes quarters, e IIj quarters qui furent Jaquelin de Boorges, e I quarter qui se tent a la vigne Henri le trece, e ij quarters qui sunt el feu de Gunteres, en ij piecés, e une piece qui est derere la maisun saint Ladre, e XVIIj vizées qui sunt a la Sablere, e ij quarters as Forches qui furent Gieffrei de la Ferté, e I quarter qui fu Willame de Mausé. Ice fu fait l'an de l'incarnation nostre Saignor, M CC e XIX, el meis de marz. E a maire certaineté d'iceste chose, je Pere Ymbert desus nomé, lor en ai doné ceste presente chartre saelée de mon sael. De ceste chose sunt garanties, sire Johan Galerne; Sanz de Beau leu; Johan Junam; P. de Faie; Willame Oldri; Aimeri Gunbaut; Hugues des Brandes; Gauter li Franceis e plusors autres. (*)

(*) *Original sur parchemin n'ayant plus ni sceau ni cordon.*
Liasse 1, art. 6, Bibl. Roc.

II

Je Hugues de Rochefort e je Savari de Rochefort freres, faimes asaveir a toz ceaus qui [ceste presente chartre] veiront e oiront, que nos avom doné a Deu e a la maladerie de saint Ladre de la Rochele [por le salu de noz] armes, e de nostre pere e de nostre mere e de noz autres anceisors, en pure e en pardurable [aumosne a] toz jorz mais, tot ice que nos aviom en xvj carters de vignes, que li frere de saint Ladre [ont ou feou] de Rochefort. E d'icez xvj carters furent les IJ carters Helyes Gauter, e IJ autres carters [qui furent] P. Bretoin, qui se tenent a icez meismes quarters, e IIj carters qui furent Jaquelin de Boorges [e I quarter] qui se tient a la vigne Henri le trace, e ij carters qui sunt ou feou de Gonteres en ij pieces, [l'une piece], qui est derere la maisun saint Ladre, e XVIIj vizées qui sunt a la Sablere qui tot est conté por [I carter,] e ij carters qui furent Gieffrei de la Ferté qui sunt as Forches, e IIj carters qui furent dom [Willame de] Mausé. E por iceste aumosne nos deivent rendre, chascun an, li frere de saint Ladre a nos e a noz herz demiee libre de cire a Noel de reconoissant. De ceste chose sunt garanties Andreu adonques prior de Granzai, Hugues de Sezai, chevaler, J. Junam, Sanz de Beau leu, J. Galerne, Gauter le Franceis, Robin l'Engleis, P. de Faia e plusors autres. Ice fu fait l'an de l'incarnation nostre Saignor. M CC e XX ou mois de may. E por ce que ceste chose fust ferme e estable a toz jorz mais, confermasmes e saelasmes ceste presente chartre de noz seaus. (*)

(*) *Origin. n'ayant plus ni sceau ni cordons.*
Liasse 1, art. 7, Bibl. Roc.
Les mots entre crochets sont complètement effacés sur l'original.

III

A toz ceans qui ceste presente chartre veiront e oiront, Willames Arbert adonques maires e li Borgeis de la Rochele, saluz en Jehu Crist. A vostre université faisum assaveir que nos, par communau volunté e par comunal assentement, e nomeement ob le gré e ob la volunté de Pere Barbe, prior adonques [de] la novele Aumosnerie de la Rochele e des executors fahu Alixandre [Aufrei por] le bien e por la salu de l'arme au devant dit Alixandre, e por le profit e por l'amend[ement des pov]res de ladite aumosnerie, avom receu e herbergé les freres de l'ordre menor en la davant [dite] maisun aumosnere, e lor avom baillé une partie de ladite maisun e dau verger, ob l'auter e ob la chapele, a tenir e a aveir durablement, tot eissi cum les clousons ou devisent. Veritez est que en recum......... chouses, e por ceu que nos ne voliom que li povre ne ladite aumosnerie i fus........ [lor] avom doné x livres de rente perpetuament.......... rendre chascun an a Karesme prenant, jusque a tam q.......... e assigné [les dices] x libres de rente dedenz la vile de la Rochele en un leuc bien [soceable] nos lor aurom achaté et assigné les x libres de rente si com desus est dit, adonques nos......... quites e delivres de cele rente e de cele teneure. A maire certaineté de ceste chouse nous avom doné au prior e aus povres de la dite aumosnerie ceste presente chartre saelée et confermée dau sael de nostre commune. Ce fu fait l'an de l'incarnation Jehu Crist MCC.... (*), on meis d'avril. (**)

(*) 1227 ou 1228?

(**) *Orig. n'ayant plus ni sceau ni cordons, troué et déchiré en plusieurs endroits.* — Liasse 1, art. 10, Bibl Roc.

Les points remplacent les passages où le parchemin est complétement déchiré.

IV

Ge Pere Barbe, adonques priors de la novele aumosnerie de la Rochele, que fahu Alixandre Aufrei fonda, fois assaveir a toz ceaus qui ceste presente chartre veiront e oiront, que ge, ob l'otrei e ob la volunté des freres de la dite aumosnerie, ai baillé e otreié a Sime de la Faie, un herbergement que nos aviom a Marcille, li quaus hergement (*) se tient à la maisun Henri Grenou, a tenir e a aveir durablement au desus dit Sime de la Faie e a ses heirs e a lor comandement, a faire tote lor volunté delivrement, a vie e a mort, por xxv sols de Torneis de cens rendant chascun an à la dite aumosnerie, portez au troil aus povres par quarterons. C'est assaveir vj sols e IIj deners a Noel, vj sols e IIj deners a Pasques, vj sols e IIj deners a la feste seint Johan Baptiste e vj sols e IIj deners a la feste seint Micheau. E est assaveir que ge Pere Barbe, adonques priors desus nomez e li bien de la dite aumosnerie, somes tenu a garir le desus dit herbergement au desus dit Sime de la Faie e a ses heirs e a lor comandement, contre totes genz, aus us e aus costumes de la terre. De ce sunt garanties Johans Borreaus, J. Raols, J. Baudoin, Giraut Maroil de la Faie. E por ceo que iceste chose seit plus ferme e plus estable, ge Pere Barbe, adonques priors desus nomez, donai au desus dit Sime de la Faie iceste presente chartre saelée e confermée de nostre sael en maire garantie de vérité. Ce fut fait l'an de l'incarnation Jehu Crist M CC e XXXIj, on meis de novembre. (**)

(*) Sic pour *herbergement.*

(**) *Cyrographe original scellé sur cordons de fil vert et rouge.* Belle écriture. — Voir le fac-simile.
Liasse 1, Art. 11, Bibl. Roc.

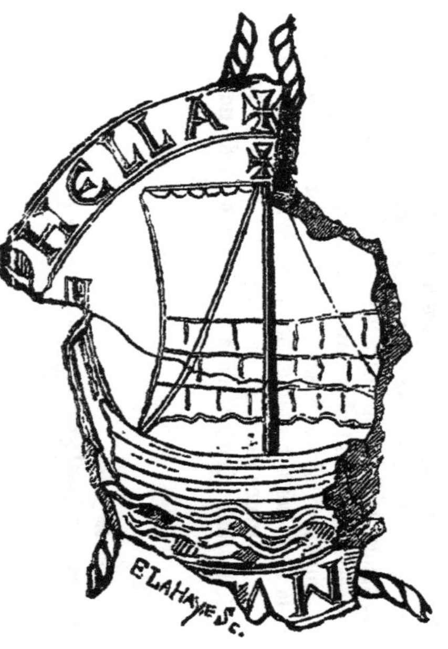

Sceau de la commune de la Rochelle.

V

Ge Peirenele Blancharde, femme Conain le Pelcter de Borc Nou, fois assaveir a toz ceaus qui ceste presente chartre veiront e oiront. Que ge, ob l'otrei e ob la volunté dau dit Conain mon seignor et de Hilaire ma fillastre, fille fahu Blanchart de Aytré, jadis mon seignor, femme Hugue Jolain de Aytré ai vendu e otreié a Helye Giraut, Borgeis de la Rochele, une piece de vigne en quei a dous quarters, que ge tencie a x sols de cens des freres de la novele aumosnerie de la Rochele, que fahu Alixandre Aufrei fonda. La quaus vigne est on feu Savari davant Odelon. La quaus vigne se tient d'une part a la vigne Aeliz Chauvine, e d'autre part, a la vigne dame Aleaiz Bataille. De la quau davant dite vigne, ge ai vestu e saizi le davant dit Helye Giraut, a tenir e a aveir durablement, a lui e a ses heirs e a lor comandement, a faire tote lor volunté delivrement, a vie et a mort, por cent e dis sols de Peitevins que li diz Helyes m'en dona e paia enterinement en deners contez, les quaus deners ge ogui e recegui e m'en tengui e tienc por bien paiez. E est assaveir que ge Perronele (*) dessus dite e ge Conain sis sires e totes les noz chouses, quauque part que eles seient, mobles e nonmobles, somes tenu a garir au davant dit Helye Giraut, e a ses heirs, e a lor comandement, la davant dite piece de vigne contre totes genz, aus us e aus costumes de la Rochele, franche e quite e delivre de toz devers e de toz enpaitremenz, ob x sols de cens rendant chascun an, aus diz freres de la novele aumosnerie ou a lor comandement, a la toz sainz, portez en la dite aumosnerie, de la moneie censau par la vile de la Rochele, e rendant le dreit conplant, c'est assaver la quarte some, e gardes e recepz. E avom renoncié,

(*) L'original porte tantôt *Peirenele*, tantôt *Perronele*, puis *Peironele*.

ge Peirenele e ge Conain, sis sirès, e ge Hilaire dessus nomé, a tote force e a tote ajue de leis e de canon, e a toz privileges e a totes costumes e a totes noveles institucions, e a tote exception de nonnombrée peccune, e a totes chouses qui nos porreient ajuer a venir contre la davant dite vente. E ge Peironele e ge Hilaire avom juré sus sainz que nos jamais contre la davant dite vente, ne contre les diz, ne contre la tenor de ceste chartre, ne vendrom ne autres por nos en nule manere. E por ceu que ceste chouse seit plus ferme e plus estable, nos tuit dessus nomé en avom doné audit Helye Giraut ceste presente chartre, la quau sire Raymont de Loupsaut adonques maires de la Rochele saiela, a noz requestes, dau saia de la comune de la Rochele. Ceu fut fait l'an de l'incarnation Jehu Crist MCC e quarante et oict, on meis de septembre. (**)

(**) *Orig n'ayant plus ni sceau ni cordons.*
Liasse 1, art. 12, Bibl. Roc.

VI

Ge Arsent, niepce fahu Johan Achart, femme Denis Joubert de Vovent, fois assaveir a toz ceaus qui ceste presente chartre veiront e oiront, que, cum ge oguisse les does parz en does maisons e ons places sus quei eles seient, e on verger qui est entre les does davant dites maisons, les quaus maisons sunt en la Rochele a Chep de Vile, e se tenent, d'une part a la maison qui fu fahu Harvé de Chep de Vile, e d'autre part a la maison Guillame Empaistre Vile, e Pere Empaistre Vile son frere, e durent de l'une rue jusque en l'autre. Les quaus does davant dites parties daus dites maisons e daus places sus quei eles seient e dau dit vergier m'esteient eschaetes de part lo dit J. Achart mon oncle. Ge, ob l'otrei e ob la volunté dau davant dit Denis Joubert mon seignor, ai baillé e livré e otreié a Henri l'Angleis lo clerc, borgeis de la Rochele, les meies does davant dites parties daus dites maisons e daus places sus quei eles seient e dau dit vergier, e tote la dreiture enterinement que ge i aveie e aveir poeie, e l'en ai vestu e sazi, a tenir e a aveir durablement a lui e a ses heirs e a lor comandement, a faire tote lor volunté, delivrement, a vie e a mort, por cinquante e quatre sols e viij deners de cens rendant chascun an. C'est assaveir xl sols a mei Arsent e a mes heirs ou a nostre comandement par ij termes de la moneie qui sera prise censau par la vile de la Rochele. C'est assaveir xx sols a Naau, e xx sols a la saint Johan Baptiste, aus freres de l'ospitau de saint Johan dau Perroch xiij sols e iiij deners, aus freres de l'aumosnerie vielle de la Rochele, xvj deners. E est assaveir que ge Arsent dessus dite, e nomeement li men xl sols de cens dessus nommé, somes tenu a garir au davant dit Henri lo clerc e a ses heirs e a lor comandement les does parz daus davant dites maisons e daus places sus quci eles seient e dau dit vergier contre totes genz, aus us e aus costumes de la Rochele, franches quiptes e delivres de toz deveirs e de toz empaistremenz ob le cens rendant chascun an, si cum dessus est dit. E est assaveir que en icest acenssement e en icest fait, ge Arsent dessus dite e ge Denis Joubert sis sires avom renuncié a tote force e a tote ajue de leis e de canon, e a toz privileges e a totes costumes, e a totes noveles institucions, e a totes choses qui nos porreient ajuer contre le davant dit acenssement, fust en cort d'iglise ou en cort laye. E par en som iceu ge Arsent dessus dite ai plevi e fiancé par la fei de mon cors que ge jamais contre le dit acensement, ne contre les diz ne la tenor de ceste chartre ne vendrai ne autres por mei en nule manere. (*) E por ceu que ceste chouse seit plus ferme e plus estable, ge Arsent dessus dite e ge Denis Joubert sis sires, en avom doné au dit Henri ceste presente chartre la quau sire Raymont de Lopsaut adonques maires de la Rochele saela e conferma a noz requestes dau saea de la comune de la Rochele en maire garentie de verité. Ceu fu fait l'an de l'incarnacion Jehu Crist M CC e quarante e oit, on meis de noembre. (**)

(*) Voir le fac-simile qui reproduit les dernières lignes de cette charte.

(**) *Cyrographe original n'ayant plus ni sceau ni cordons.*
Liasse 1, art. 13, Bibl. Roc.

VII

Ge Hugues de Mesreimbaut chevalers fois assaveir a toz ceaus qui ceste presente chartre veiront e oiront, que ge ai baillé e otréé au prios e aus freres de l'aumosnerie nove de la Rochelle, que fahu Alixandres Aufreiz funda, does peces de pré que ge aveie dau quaus est l'une pece en la ribere de Funt Voutor, en que ha viij jornaus, e l'autre pece est desouz les molins de Maigne, en que ha quatre jornaus, la quaus est apelée l'Eschacerie, icez prez ai baillé e otreié a tenir e a espleiter au prios e aus freres desus diz e a lor coumandement por vint années continues e acomplies dunt deit estre la premere année l'an de l'Incarnacion Jehu Crist M CC e cinquante, en tau manere que l'erbe e li fains e tuit li fruit e li espleit qui en istront por icestes vint années sunt lor quitte, a faire tote lor volunté, por xx libres de Torneis, que il m'en ont doné. Les quaus deners ge ogui e recegui e m'en tengui e tienc por bien paiez, e ge Hugues de Mesreimbaut desus nomé e les [meis] choses, quauque part que eles seient, lor somes tenu a garir e a defendre les davant diz prez e les fruiz e les espleiz qui en istrunt, por les dites vint années, francs e quittes et delivres contre tote gent. E ai renuncié a excepcion de non nombree pecune, a tote force e a tote ajue de toz dreiz, a toz establimenz, a toz privileges, a totes costumes, a totes choses qui me poireent ajuer a venir contre icez convenenz ne en contre icest meiu fait. E ai juré sus le Saint Evangile nostre Seignor que en contre la tenor de ceste chartre ne vendrai ne autre por mei. En maire certaneté de ceste chose, sire Aymeris dau Broil adonques arcediacres d'Aunis saela e conferma, a la requeste de l'une partie e de l'autre, ceste presente chartre de son seiau. Ceu fut fait l'an de l'incarnacion Jehu Crist M CC e cinquante, on meis de may. (*)

(*) *Orig. n'ayant plus ni sceau ni cordon.*
Liasse 2, art. 1, Bibl. Roc.

Ge Pere barbe adonqs Priors de la novele aumosnerie de la Rochele q fahu Alyxandre aufrei fonda. fois assaueir a toz ceaus qui ceste psente chartre veiront & orront. Que ge ob lotrei & ob la volunte des freres de la dite aumosnerie ai baille & otreie a sime de la faie. vn herbergement q nos avion a Marcille. liquaus hergement se tient a la maison henri Trenon. a tenir & a aueir durablement au desus dit sime de la faie & a ses heirs & a lor comandement a faire tote lor volunte deliurement a vie & a mort. por. xxv. sol. de Torn. de cens rendant chascun an a la dite aumosnerie portez an twil ans poures par Oixerons. Cest assaueir. vj. sol. & iij. d. a Noel. vj. sol. & iij. d. a Pasques. vj. sol. & iij. d. a la feste seint Johan baptiste & vj. sol. & iij. d. a la feste Seint Micheau. .... M. CC. & xxxvj.

E por ceu q ceste chouse seit plus ferme & plus estable. Ge desus dit & ge Denis Joubert sis sires en avion done au dit Henri ceste psente chartre la qu sire Raymont de Lopsaut adonqs maires de la Rochele seela & conferma a noz requestes dau seau de la Comune de la Rochele en maire garentie de verite. Ceu fu fait lan de lincarnacion Jhu crist. M. CC. & trante & oit. ou meis de Noembre.

Tirée à 200 Ex
Nº 172.

www.ingramcontent.com/pod-product-compliance
Lightning Source LLC
LaVergne TN
LVHW020504230826
846091LV00008BA/3330

* 9 7 8 2 0 1 9 2 1 4 0 9 8 *